# LES
# ÉLECTIONS MUNICIPALES

## ET LE

# PARTI BONAPARTISTE

PAR

## GEORGES LACHAUD

BIBLIOTHÈQUE NAPOLÉONIENNE

VICTOR DAIREAUX, ÉDITEUR

156, RUE DE RIVOLI, PARIS

# LES
# ÉLECTIONS MUNICIPALES
## ET LE
# PARTI BONAPARTISTE

## I

Le parti bonapartiste est debout.

Le parti bonapartiste ! Voilà un titre qui n'est certes pas à dédaigner car il nous donne pour patron politique le plus grand génie des temps modernes.

Aussi ceux-là même qui cherchent à s'écarter du principe et des traditions de notre parti revendiquent le nom de Bonapartistes et se défendent vivement d'essayer de l'échanger contre celui de légitimistes ou de républicains.

Quel est actuellement le but du parti bonapartiste ?

Il veut donner le pouvoir au chef de la famille Bonaparte, afin que ce chef, sous quelque titre ou avec quelque régime politique que ce soit, applique les doctrines que les membres de cette famille ont établies et pratiquées.

Le parti bonapartiste est, de sa nature, le plus discipliné des partis. — Tant que vécut le vieil Empereur exilé, nul n'éleva la moindre objection contre les volontés de Napoléon III ; quand son jeune fils prit la direction peu effective du parti, personne n'osa s'opposer à ce que le Prince Impérial faisait ou laissait faire. Et même quand certains Bonapartistes jugèrent que les traditions étaient abandonnées, que l'on regardait trop en arrière et pas assez en avant, que l'on se compromettait en s'avançant appuyé, un bras sur celui d'un grand seigneur et l'autre sur celui d'un monseigneur ; tous se turent, préférant l'abandon de leur raison à celui de la discipline.

Cette tradition de discipline, elle s'est un instant obscurcie parmi nous, mais elle est en voie de renaître, — et c'est pour cela que le parti bonapartiste est vivant et bien vivant.

Il vit, parce que les constitutions impériales sont encore respectées par nos amis et qu'elles désignent avec une netteté absolue le chef du parti bonapartiste. Ces constitutions, votées en 1870 par le peuple directement consulté, ne peuvent être modifiées que par le peuple directement consulté de nouveau. L'Empereur même, sur le trône, tout puissant, entouré de gloire et d'autorité, n'est qu'un grain de sable devant le peuple et ne saurait toucher à ce que le peuple a édifié de ses propres mains.

Mais le parti bonapartiste vit aussi parce que désormais il a un programme. Ce programme vient de surgir parfaitement net et précis, grâce à la publication simultanée du manifeste du journal le *Napoléon* et de la déclaration des députés partisans de l'Appel au peuple. Ces deux documents tracent de grandes lignes de conduite et énoncent des doctrines qui se ressemblent au plns haut degré.

Or, de qui émanent-ils?

L'un est l'œuvre soigneusement étudiée d'hommes qui depuis de longues années connaissent le Prince Napoléon et en pénètrent la pensée, d'hommes qui ont déclaré, sans être démentis, qu'ils étaient d'accord avec ce Prince.

L'autre est le fruit des délibérations sérieuses d'une réunion de députés partisans des doctrines bonapartistes. — Il a été signé par le président de cette réunion au nom du groupe tout entier ; nul, sauf un seul député, n'a déclaré s'être abstenu de le voter. — Et ce député lui-même a reconnu qu'il considérait ce programme comme « utile et de nature à réconforter notre parti. »

Or, qui parmi nous oserait se révolter contre la double autorité du chef du parti bonapartiste et des députés choisis par les électeurs bonapartistes?

Mais, cela signifie-t-il que sur tous les points, sur toutes les questions, les Bonapartistes doivent dire exactement la même chose dans les mêmes termes.

Non ; il existe dans une doctrine politique des articles de foi auxquels les fidèles font adhésion, puis à côté de ces principes fondamentaux, il se trouve certaines idées moins importantes, certains aspects de détail que chacun a le droit de présenter à sa guise, suivant ses tendances, ses préférences, ses convictions personnelles. Et c'est ainsi que se forment une droite et une gauche. Cela est fort heureux, car un parti politique ressemble à une place assiégée par des armées de nationalités différentes, une place qui, ayant intérêt à faire entrer dans ses murs le plus grand nombre possible de défenseurs, élève de toutes parts des travaux d'approche. Tel le parti bonapartiste, qui par son principe d'autorité peut satisfaire certains conservateurs

effrayés du désordre social ; qui, par ses idées économiques et ses sympathies pour la classe ouvrière
peut plaire aux socialistes ; qui, par son souci de la
revision démocratique de la Constitution, peut séduire
des républicains de bonne foi ; qui, par son respect
obstiné du Concordat, rassure les catholiques sensés ;
tel disons-nous, le parti bonapartiste a intérêt à posséder des partisans qui, chacun suivant son genre de
talent et ses auditeurs, présenteront sous divers points
de vue une doctrine stable et inflexible.

Ainsi le parti bonapartiste reconstitué sur de larges
bases est prêt aujourd'hui à la lutte politique.

Il a reconnu comme chef le Prince Napoléon, dési-
gné par les constitutions impériales qu'a ratifiées
directement le peuple.

Il a fait adhésion par deux programmes à une ligne
précise de conduite.

Pour la première fois depuis cette reconstitution, il
se trouve en face d'un acte électoral important à
accomplir.

Quelle sera son attitude aux élections municipales ?

# II

Les conseillers municipaux sont des administrateurs doublés d'hommes politiques.

Par leur ingérence dans la nomination des sénateurs, ils jouent un rôle prédominant dans les affaires publiques ; par les vœux qu'ils peuvent formuler ils touchent à la pratique journalière de la politique, sur laquelle ils empiètent souvent, agitant ainsi l'opinion publique ; par leurs actes, ils favorisent ou entravent les tendances du gouvernement, quant aux questions de finances, d'instruction, quant aux difficultés religieuses, etc, etc.

Donc on a raison de rechercher avant tout l'opinion politique des candidats au Conseil municipal.

Parmi ceux qui appartiennent à votre opinion, il vous faut sans doute choisir les plus habiles, les hommes qui ont fait preuve de capacité industrielle ou financière, ou encore qui sont partisans de telle réforme locale que les électeurs jugent utile ; — mais avant tout, il faut nommer comme conseiller municipal un de vos amis politiques. — Sinon il pourra être intelligent, ménager des deniers publics, intègre administrateur, mais à un jour donné, il vous fera payer d'un seul coup, par quelque mesure générale qui vous indignera, tout ce qu'il aura fait de bien en détail.

Donc qui choisirons-nous ? Un Bonapartiste, s'il s'en présente ; et il serait bon qu'il s'en présentât partout.

Mais comment reconnaître un candidat réellement bonapartiste ?

Quels sont les points importants du programme que nous considérons comme le credo politique de nos amis et auxquels ce candidat doit adhérer ?

Notre doctrine a d'abord une base magnifique et inébranlable, le plébiscite, l'appel au peuple souverain.

Que signifie cette formule : le peuple est souverain ? — Elle est le résumé de bien des siècles d'expérience et de douleur !

Jadis on disait que le pouvoir venait de la Divinité, et cela aurait eu peu d'inconvénients si certaines personnes, que leur position sociale plaçait plus haut que les autres, n'en avaient conclu qu'elles étaient très près de la Divinité et qu'elles avaient le droit de confisquer tout ou partie de la souveraineté attribuée à cette Divinité. De là un maître et des esclaves, un seigneur et des serfs, un roi et des sujets. Aussi le poète avait-il raison de dire que le monde vivait au bénéfice de peu de gens.

Aujourd'hui, il en est autrement. La justification de la souveraineté du peuple réside dans cette maxime que « l'opinion d'un homme vaut celle d'un autre homme et que, par conséquent, elle vaut moins que celle de deux ou de plusieurs de ces hommes. » Celui qui, aujourd'hui, obéit à une loi votée par la majorité sent que sa raison est satisfaite ; car, à moins d'être fou d'orgueil, il ne peut supposer que sa propre opinion ait plus de valeur que celle de beaucoup d'autres hommes. En outre, en obéissant, il sait qu'il possède lui-même une portion de commandement. De sorte que, dans un pays régi par la souveraineté du peuple, le dernier des mendiants a l'épaule ornée d'un lambeau de la pourpre des Césars et que le plus humble des misérables peut regarder fièrement un monarque en disant : « Moi aussi, j'ai ma part dans la direction des destinées du monde. »

Mais il ne suffit pas que le peuple soit le maître, il faut encore qu'il parle lui-même, et c'est ce que les républicains ne lui concèdent pas. Ils lui disent : « Tu es souverain, mais confie-nous à l'oreille quelle forme de gouvernement tu préfères; nous le répéterons à ta place. »

Qu'arrive-t-il ? c'est que si l'intermédiaire parle comme eût parlé le peuple, ce n'était pas la peine de déranger cet intermédiaire, et que s'il parle autrement, c'est le peuple qui est trompé. Mais le métier d'intermédiaire est si lucratif. que beaucoup de gens tiennent à le perpétuer !

L'appel direct au peuple, tel est donc le principe fondamental de la doctrine bonapartiste.

Mais ce plébiscite, nous le demandons depuis dix ans sans l'obtenir. Faut-il continuer à répéter éternellement et uniquement : Le plébiscite ! le plébiscite ! Ce serait de la politique de radotage. Si l'on ne peut tout avoir, il faut s'efforcer de gagner du moins quelque chose ; si l'on n'obtient pas que le peuple ratifie directement la Constitution, il faut qu'il intervienne le plus possible dans le fonctionnement de cette Constitution.

C'est pour cela que le second article du programme bonapartiste demande la revision démocratique de la Constitution.

La Constitution actuelle a institué trois pouvoirs : d'abord la Chambre, dont le mode d'origine est irréprochable. La question de scrutin de liste ou de scrutin d'arrondissement est une de celles où les Bonapartistes ont pleine liberté. Certains d'entre eux préfèrent le scrutin de liste parce qu'il envoie moins d'hommes médiocres à la Chambre, et que les gens médiocres sont encore plus dangereux que les gens méchants ; et aussi parce que, grâce à ce mode de scrutin, on peut arriver à une sorte de plébiscite, plébiscite imparfait sans doute, mais qui n'est pas sans quelque efficacité.

Quant au Sénat, sur la composition duquel les élections municipales jouent un si grand rôle, le candidat bonapartiste ne saurait approuver son mode de recrutement. Ce recrutement constitue en effet la négation même de l'égalité qui doit exister entre la valeur de l'opinion de chaque citoyen, égalité que nous considérons comme la justification du suffrage universel.

Un grand nombre d'électeurs appartenant à une commune importante ne nomme pas plus de délégués sénatoriaux que ne fait un petit nombre d'électeurs appartenant à une commune peu peuplée ; donc l'égalité est audacieusement violée au préjudice des électeurs de la commune importante.

Puis, les sénateurs élus il y a trois ans, six ans ou neuf ans ont le droit de choisir d'autres sénateurs inamovibles; ces derniers ne représenteront donc qu'une souveraineté vieillie et modifiée depuis long-temps par la loi naturelle des naissances et des morts.

Mais le point le plus important sur lequel la revision de la Constitution doive porter, c'est le mode de nomination du Président de la République.

Choisi par les assemblées, non seulement celui-ci n'a pas le pouvoir nécessaire pour intervenir en cas de conflit entre ces assemblées de façon à donner par la dissolution la décision définitive au peuple; non seulement si le Sénat, nommé, comme nous l'avons dit, par une opinion publique surannée, bat en brèche l'opinion publique plus récente, le Président n'a pas le moyen de faire rentrer dans l'ordre ce pouvoir sénile et récalcitrant, mais ce Président manque nécessairement de toute espèce de prestige.

Comment, en effet, les assemblées élèveraient-elles à la première magistrature un homme d'une importance considérable? — S'il possède un nom illustre, il déplaira aux gens obscurs; s'il est un célèbre orateur, il aura des jaloux parmi les muets qui dominent dans tous les parlements; s'il est général victorieux, il effrayera les peureux; s'il est grand homme d'État, il épouvantera les partis vaincus, si bien que toujours on choisira quelque neutre qui ne portera ombrage à personne.

Que se passera-t-il alors? C'est qu'un homme éloquent, illustre ou simplement habile s'élèvera à côté du chef de l'Etat, prendra l'influence qui devrait être attachée à la fonction de celui-ci, mais que le peuple n'accorde jamais qu'aux personnalités brillantes, et établira ainsi une puissance occulte à côté de la puissance titulaire. Or, rien n'est dangereux comme ces puissances occultes, parce que, ne risquant rien, elles osent tout. Si ce qu'elles ont suggéré réussit, elles sortent de l'ombre et s'adjugent le mérite du triomphe; si ce qu'elles ont voulu échoue, elles restent ignorées et déclarent qu'elles ne sont pas responsables.

Nous apercevons bien distinctement aujourd'hui ce grave péril. La France tout entière aspire au maintien de la paix. Or un pouvoir régulier ne tenterait pas de faire la guerre contre le vœu du pays, comprenant bien l'immense responsabilité qu'il faudrait assumer.

Mais M. Gambetta, pouvoir occulte, veut la guerre, parce qu'ayant tout obtenu au dedans, il ne lui reste plus rien à rechercher qu'au dehors, et qu'en cas d'insuccès, il espère pouvoir se retrancher derrière quelque ministère ahuri, qu'il jettera en pâture aux colères.

On a flatté habilement cette manie.

On a envoyé des ambassadeurs, de grands cordons et même des monarques à M. Gambetta. Or M. Gambetta, bourgeois dans la moelle des os, adore les monarques, — même quand ceux-ci viennent le voir comme on va visiter un phénomène. —Aussi a-t-il affirmé au roi des Hellènes, par manière de bienvenue, que la Grèce pouvait compter sur la France. Puis, sous prétexte de défendre dans l'Adriatique l'honneur du silence que M. Waddington a gardé au congrès de Berlin, M. Gambetta a fait faire à nos flottes une promenade peu hygiénique devant Dulcigno, — tandis qu'il les animait de Cherbourg par une fanfare guerrière. M. Gambetta joue avec le feu, et c'est nous qui peut-être nous brûlerons les doigts.

En effet, dans quelles conditions la guerre de M. Gambetta serait-elle entreprise? Avec une armée patriotique et brave comme toute armée française — mais où les soldats ressemblent un peu à des touristes qui ne songent qu'à rentrer chez eux, de sorte que les vieux sous-officiers, cette antique gloire de nos troupes, ne s'attardent plus dans les rangs. Quant aux chefs, l'avancement se fait entre eux d'après un système nouveau. Pour devenir colonel, il suffit désormais de déclarer que Bonaparte eut dû, d'après les règles, perdre la bataille d'Austerlitz; pour devenir général de brigade, d'affirmer qu'il a été battu à Iéna, pour devenir commandant en chef, de prouver qu'il n'a jamais su conduire une compagnie. Armée de passants qui risque d'être commandée par des tacticiens de bibliothèques.

Voilà pourquoi il est urgent de reviser la Constitution et d'avoir un Président puissant, responsable, qui, lorsqu'il voudra prendre une grave décision, devra compter avec l'opinion publique. Ce Président, élu par le peuple, sera nécessairement démocrate.

Un Président nommé par les assemblées n'a qu'un intérêt, ménager et protéger les classes bourgeoises, dont font partie les députés et les sénateurs. Le Président issu du peuple, responsable devant lui, n'aura, à son tour, qu'un intérêt, plaire au peuple, et il vaut toujours mieux se fier à l'intérêt des gens qu'à leur générosité.

Donc, demandons avant tout au candidat qui se dit bonapartiste : « Voulez-vous reviser la Constitution de façon que le peuple intervienne le plus possible dans la nomination des pouvoirs ? Vous le pourrez, en recommandant au délégué sénatorial que, comme conseiller municipal, vous aurez à choisir un jour, d'imposer au sénateur à élire la revision de cette Constitution. »

Mais, diront certains esprits timides, reviser la Constitution, n'est-ce pas la reconnaître, bien qu'elle n'ait pas été ratifiée directement par le peuple? Et comment cela? exercer ses droits électoraux en vertu de la loi électorale, qui n'est qu'une émanation de la Constitution, ne constitue pas un acquiescement sans réserve à cette Constitution. Payer ses impôts, siéger à la Chambre ou au Congrès, si l'on est député, n'est pas un abandon des théories plébiscitaires.

La Constitution est un fait brutal, indéniable, devant lequel il faut s'incliner. C'est la nôtre.

Améliorons-la au lieu de nous épuiser à la maudire. On fait de l'opposition ou par les actes, et en ce cas il ne faut pas parler, il faut agir, ou par l'exposé constant de la doctrine, ce qui paraît louable mais insuffisant, ou enfin en s'efforçant de modifier le plus possible, d'après ses idées politiques, les institutions qu'on est contraint d'accepter; c'est là l'opposition la plus salutaire.

Cependant, objectent quelques-uns, en demandant la nomination du Président de la République par le peuple, les Bonapartistes ne voient-ils pas qu'ils viennent en aide à M. Gambetta, que le peuple acclamerait sans aucun doute?

Qui peut l'affirmer? Sous le Directoire il existait

aussi des hommes puissants : Barras, par exemple, qui, d'après les historiens, a joui de plus d'influence chez nous qu'un véritable roi de France. Or, que de ressemblances entre cette époque du Directoire et la nôtre ! Même intervention de politiciens avides et sans scrupules, même absence de principes généraux, mêmes menées monarchiques, même corruption brutale et à bon marché, même luxe et même défaut de prospérité solide. Eh bien ! fut-ce Barras que le peuple choisit comme son chef ?

Et en 1848 ! Cavaignac avait tous les riches pour partisans ? Il dirigeait trois cent mille fonctionnaires ; il arrêtait les diligences..... afin de favoriser son élection. Tous les hommes d'Etat en crédit prédisaient son triomphe. — Comme concurrent, en effet, se présentait Louis-Napoléon, un inconnu, isolé, calomnié, sans puissance et sans argent, ne possédant pour auxiliaires qu'une poignée d'amis dévoués. Mais Louis Napoléon avait un talisman, son nom, et l'éclat de ce nom rejeta dans l'ombre la célébrité bourgeoise de Cavaignac. — M. Gambetta, ce Barras sans urbanité, ce Cavaignac sans austérité, aura-t-il meilleure fortune que ses devanciers, qui oserait l'affirmer ?

Du reste, M. Gambetta n'a plu à beaucoup de gens que par la contrefaçon qu'il tente des traditions bonapartistes. Comme les Bonapartes, il se dit autoritaire ; — mais il n'a pas le courage de prendre la responsabilité de l'autorité.

Comme les Bonapartes, il se dit démocrate ; mais il ne fait point passer cette démocratie dans les dispositions législatives.

Comme les Bonapartes, il se dit partisan du Concordat ; mais il ne sait l'appliquer qu'avec brutalité et maladresse.

Comme les Bonapartes, il veut des victoires pour la France ; mais il n'a pas le génie qui fait gagner les batailles.

Qui sait si la France ne préférerait pas un vrai Bonaparte à ce Bonaparte de parodie ?

N'hésitons donc pas et posons à notre candidat bonapartiste cette question pressante : « Voulez-vous que la constitution [soit revisée de telle sorte que le suffrage universel choisisse le Président de la République ? »

Si le candidat répond affirmativement et si, d'autre part, il est partisan théorique de l'Appel au peuple, s'il accepte l'ordre d'hérédité établi par les constitutions impériales, nous n'aurons plus grand'chose à lui demander.

Qu'il désire un pouvoir ferme mais surtout démocratique, qu'il résolve les questions religieuses par l'application du Concordat, qu'il se préoccupe de la solution des problèmes économiques dans le sens de l'intérêt des pauvres, qui sont à la fois les plus nombreux et les plus dignes de sollicitude, et nous lui donnerons avec enthousiasme notre suffrage raisonné.

## III

Mais si les candidats bonapartistes font défaut ; si nous avons à choisir entre des adversaires de nos idées, sur qui porterons-nous nos voix ? car nous ne nous abstiendrons pas ; l'abstention c'est la castration politique... mais heureusement transitoire.

Et tout d'abord que notre bulletin de vote ne soit point donné à un candidat légitimiste. Les Napoléons, quand ils ont connu des légitimistes, ne les ont jamais vus que dans leur domesticité lorsque l'Empire était debout, ou parmi leurs insulteurs si l'Empire était à terre. Le reste du parti légitimiste, honorable sans doute, mais exaspéré, a toujours traité les Bonapartes avec un mélange non déguisé de mépris et de haine.

Comment en serait-il autrement ? Entre nous et les républicains qui reconnaissent le pouvoir souverain de la nation, ce ne sont que discussions de forme ; entre les légitimistes et nous, les divergences semblent fondamentales. Le point de départ et le point d'arrivée sont dissemblables. Les légitimistes suspendent la souveraineté en l'air, sans point d'appui visible ; nous la consolidons en la plaçant entre les millions de mains des citoyens français. Les légitimistes présentent un programme qu'il ne faut ni dénaturer ni calomnier, qui n'est, nous le savons, ni le retour à la corvée ni le rétablissement des privilèges disparus, mais qui constituera tout au moins une entrave au progrès que nous, Bonapartistes, nous voulons au contraire accélérer. Donc, quant aux doctrines, rien de commun entre les légitimistes et nous. Mais dans la pratique, que nous a rapporté leur concours ? Les bonapartistes ont accepté l'union avec eux non point comme un principe, mais comme une tactique habile. Qu'en est-il résulté ? Au 24 mai, au 16 mai, les légitimistes ont risqué de nous entraîner dans leur incommensurable impopularité. Heureusement qu'après le 24 mai, notre chef actuel protestait contre l'essai déloyal d'une restauration odieuse, et qu'au 16 mai il sauvait l'intégrité de nos doctrines en votant, lui, l'héritier présomptif des droits des Bonapartes, contre l'œuvre imbécile des Mac-Mahon civils ou militaires.

Donc, point de drapeau blanc ; il n'est comme le drapeau rouge qu' un lambeau du drapeau tricolore déchiré.

Mais alors pour qui voter ?

Pour un intransigeant ou pour un opportuniste ? Car l'heure est venue où le parti républicain est bien définitivement coupé en deux fractions.

Cette heure, nous l'attendions avec impatience depuis dix années ; nous savions qu'elle sonnerait, mais nous n'espérions pas qu'elle vînt si vite et qu'elle amenât de telles violences.

Il fallait bien qu'un jour l'union républicaine prît fin, puisqu'elle n'était sauvegardée que par le maintien indéfini des dissidents républicains au bagne ou en exil, ce qui est une façon fort commode, mais fort précaire, d'empêcher toute indiscipline dans un parti.

Les opportunistes ont cru que les intransigeants reviendraient repentants et reconnaissants. Repentants de quoi ? d'avoir mis en pratique le programme que les opportunistes ont juré et trahi. Reconnaissants de quoi ? de ce qu'un caprice du maître, après les avoir tenus dix ans au bagne et en exil, les a un jour jetés hors du bagne ou au dedans des frontières ; de ce qu'on leur rend leur liberté sans pouvoir leur restituer ni leur jeunesse perdue, ni leur famille dispersée, ni leur commerce ruiné, ni leurs bras épuisés par la misère ? Les opportunistes ont été abominables dans la répression ; ils ont traité leurs frères égarés comme des bêtes fauves ; implacables, ils ont excité des haines implacables.

Aussi les amnistiés n'ont rien oublié, et ils ont raison. Regardez Louise Michel faisant à M. Gambetta l'honneur de le menacer d'un poignard, comme si entre ce gros conservateur républicain (la pire race des conservateurs, car ceux-ci ont tous les défauts des conservateurs monarchistes, sans en posséder les traditions de courtoisie) et Marat, le féroce ami du peuple, il existait d'autre ressemblance que la baignoire.

Regardez Rochefort, le gentilhomme devenu du peuple parce qu'il a souffert, flagellant avec sa verve de faubourien et son impertinence de marquis M. Gambetta, ce ci-devant cerveau dans lequel est monté un ventre, M. Gambetta qui défend son influence à coups de petits papiers, comme, s'il avait continué le métier de son père, il défendrait son fonds de commerce à coups de factures... inexactes.

Écoutez-les s'envoyer mutuellement au bagne ou à la maison de fous.

Quelle joie pour les Bonapartistes ! — Et ceux-ci profiteront de ces divisions ; car en face d'un tel désarroi, ils abdiqueront les dernières fausses hontes, les dernières préférences personnelles qui retiennent quelques-uns d'entre eux; ils comprendront qu'il serait criminel de se désunir pendant que les adversaires s'entre-dévorent; — ils feront comme la vieille garde impériale, qui, aux soirs de bataille, au milieu des bataillons dispersés, s'avançait majestueuse, intacte, coude à coude, et donnait la victoire à Napoléon, son chef.

Entre ces deux sortes de candidats, les opportunistes et les intransigeants, il est clair que la sympathie pour le malheur même mérité, pour l'utopie même brutale, pour la logique même exagérée, plaide en faveur des intransigeants; que l'antipathie pour la duplicité, la mauvaise foi, la trahison vis-à-vis des amis, le goût effréné des jouissances, le mépris de tout principe élevé combat contre les opportunistes. Ceux-ci ont pour eux, il est vrai, l'amour que certains Bonapartistes ont voué à un *statu quo* nauséabond, dangereux, mais provisoirement tranquille. Nos amis prendront conseil de leur cerveau ou de leur estomac, et choisiront ensuite à leur guise.

Mais il est une sorte de candidats pour lesquels, à défaut de bonapartistes, nous devons résolument voter, — ce sont les candidats socialistes, c'est-à-dire les hommes qui, pénétrés de la situation critique de la classe laborieuse, veulent que l'État intervienne dans la solution de plus en plus difficile des questions que soulèvent les rapports du capital et du salaire.

Nos gouvernants méprisent ces questions. — Que leur importe en effet le capital ; ils n'en ont pas et il se servent du nôtre ? Que leur importe le salaire, ils ne travaillent pas et ils sont payés néanmoins.

Et pourtant ces questions s'imposent. Sous une prospérité apparente, la détresse est profonde. Le signe le plus caractéristique nous en est donné par cette statistique navrante que les frais de poursuites, pour recouvrer les contributions dues à l'Etat, sont cette année de 1,85 pour cent, — la proportion la plus élevée qu'on ait jamais atteinte.—Or, quand on se laisse poursuivre avant de satisfaire l'État, ce créancier qu'on sait impitoyable, c'est que tout le reste est en souffrance.

Que prouvent les nouvelles fortunes qui s'étalent ? Grâce aux modifications dans la main-d'œuvre, aux facilités de communications, les grandes industries ont partout tué les petites, de même qu'à Paris les grands magasins de nouveautés ont ruiné des centaines de petits marchands. — Actuellement la diminution de frais généraux qu'elle opère suffit à une grande entreprise pour assurer ses bénéfices, et celle-ci peut facilement vendre meilleur marché que ne font les petits établissements, ses rivaux.

Il en résulte que peu à peu toute la haute industrie, tout le riche commerce se concentrent en quelques mains et constituent une aristocratie restreinte dans la féodalité financière qui s'est établie depuis 50 ans. Cette aristocratie est maîtresse des salaires et écrase le travailleur sous le joug le plus dur et le plus tyrannique.

De sorte qu'avant peu il n'y aura plus en France que des millionnaires et des prolétaires.

C'est à cela que les socialistes veulent remédier. Ils voient que, grâce à cette aristocratie de protêts et de bordereaux, le prix des objets de consommation augmente, tandis que les salaires ne progressent pas d'une façon équivalente ; ils veulent que l'État, le protecteur des petits, cherche à modifier cette situation anomale. Rien n'est plus juste que ce souhait, rien n'est plus digne des sympathies des Bonapartistes, qui pour la plupart sont de la « vile multitude », comme disait M. Thiers, de cette multitude que M. Thiers avait tort de tant mépriser, puisqu'à la conduire et à la séduire il avait gagné vingt millions.

Ainsi, appui déclaré donné aux candidatures socialistes, tel doit être, en l'absence des candidatures de nos amis, notre mot d'ordre aux élections prochaines. Nous n'avons pour cela à faire abnégation d'aucune de nos doctrines, d'aucune des traditions et des sympathies des Bonapartes, que ces Bonapartes soient morts ou vivants.

Mais les socialistes sont turbulents et violents ! — Moins que la légende ne le prétend. — Du reste, mieux vaut Catilina apportant l'agitation et peut-être la rénovation, que Cicéron nous entraînant lentement dans un sommeil léthargique et mortel, au murmure de ses belles périodes.

Marchons donc avec ceux qui croient à un avenir de réformes profondes.

Les Bonapartes ont toujours sauvé les conquêtes de la Révolution et de l'esprit moderne. Ils ont la garde de cette formule politique qui apparaît comme la conclusion des recherches de notre époque; *l'autorité démocratique.*

Ils ont arraché ce que la Révolution de 89 avait fondé de bon aux faiblesses du Directoire; ce que la République de 48 avait fait de populaire, aux menées monarchiques de 1851; ils empêcheront que nos principes d'égalité et d'équité périssent, en dépit des affaissements intéressés des opportunistes.

Mais s'ils ont à maintenir, ils ont aussi à innover.

Le général Bonaparte avait pour but manifeste de créer une organisation politique sur les ruines accumulées par la Révolution.

Le prince Louis-Napoléon avait à construire sur les débris du régime parlementaire un édifice gouvernemental où put fonctionner le suffrage universel.

Le parti bonapartiste doit aujourd'hui défendre aussi une grande idée. En est-il de plus belle que le souci de résoudre cette question formidable qu'on appelle la question sociale et qu'on nommerait la question du pain quotidien ?

Les monarchistes oublient cette question ; les opportunistes la nient ; les intransigeants la compromettent.

Aux bonapartistes de s'y attacher avec passion.

Napoléon Ier a affranchi définitivement le peuple du servage de la féodalité. — Napoléon III l'a délivré du servage du cens. — A leurs successeurs incombe la tâche de l'arracher au servage de la faim.

2782. Paris. — Imp. Laloux fils et Guillot, 7, rue des Canettes.